평범한 우리 어린이들을 다음 세대
위인으로 만들어 줄 교과서 위인 이야기!
효리원의 교과서 위인 이야기는 초등학교 교과 과정에
나오는 국내외 위인들을 우리나라 최고 아동 문학가 53인이
재미있게 동화로 구성했습니다. 지혜와 용기로 위대한 삶을 산
위인들의 이야기는, 어린이들의 마음속에
'나도 할 수 있다!'는 희망의 씨앗을
심어 줄 것입니다.

일러두기

1. 띄어쓰기와 맞춤법 : 초등학교 국어 교과서와 국립국어원의 『표준국어대사전』을 기준으로 하였습니다.
2. 외래어 지명과 인명 : 국립국어원의 『외래어 표기 용례집』을 기준으로 하였습니다.
3. 이해가 어려운 단어 : ( ) 안에 뜻풀이를 하였습니다.
4. 작가 연보 : 연도와 함께 나이를 표기하고, 업적을 간략히 소개하였습니다. 우리나라 위인은 태어난 해를 한 살로 하였고, 외국 위인은 만 나이를 한 살로 하였습니다. 정확한 자료가 없는 위인은 연도와 업적만을 나타냈습니다.
5. 내용 구성 : 위인의 삶은 역사적 자료를 바탕으로 최대한 사실적으로 구성하였습니다. 그러나 읽는 재미를 위해 대화 글이나 배경 묘사, 인물의 감정 표현 등에 작가의 상상력을 가미하였습니다.
6. 그림 구성 : 문헌을 바탕으로 위인이 살던 시대를 충실히 나타내도록 하되 복식의 색상이나 장식, 소품, 건물 등은 작가의 상상으로 그렸습니다.
7. 내용 감수 : 각 분야의 전문가들로 구성된 편집 위원들이 꼼꼼히 감수를 하였습니다.

편집 위원

김용만(우리역사문화연구소장)
교과서에서 만나는 위인들을 중심으로 일화와 함께 그림과 사진을 곁들여 지루하지 않게 읽을 수 있습니다. 술술 읽다 보면 학교 공부에도 많은 도움이 될 것입니다.

신현득(동시인, 전 새싹회 회장)
우리가 자주 듣고 접하는 역사 속 실존 인물들이 자신의 꿈을 이루기 위해 어떻게 노력했는지 깨달아 가면서 우리 어린이들은 한층 더 성숙해질 것입니다.

윤재운(동북아역사재단 연구 위원)
위인전을 읽으면서 어린이들은 시대를 넘어 간접 체험을 할 수 있습니다. 어떻게 살아야 하는지 인생에 대한 동기 부여와 함께 삶이 보다 풍요로워질 것입니다.

이은경(철학 박사, 전북과학대 유아교육학과 교수)
한 사람의 인격과 품성은 어릴 때 형성됩니다. 따라서 초등학교 저학년 때 어떤 책을 읽느냐에 따라 생각의 크기가 달라집니다. 어린이의 미래를 위해 이 책은 꼭 읽어야 합니다.

이창열(하버드 대학교 물리학 박사, 전 국가과학기술자문회의 전문 위원)
세상을 바꾼 위대한 인물의 이야기는 어린이의 인성 및 감성 발달에 큰 영향을 미칠 뿐 아니라 실험 정신과 개척 정신을 길러 줍니다. 용기와 지혜로 세상을 헤쳐 나가는 당당한 어린이를 꿈꾼다면 이 책은 꼭 한번 읽어 보아야 합니다.

정재도(한글학자)
위인으로 일컬어지는 이들은 어떤 생각을 하고, 어떤 삶을 살았을까요? 그들의 흔적을 담은 위인전은 복잡한 현대를 이끌어 갈 우리 어린이들에게 나침반과 같은 역할을 할 것입니다.

조수철(서울대학교 의과대학 소아정신과 교수)
위인전은 시대와 신분, 업적이 다른 위인들의 삶이 다양하고 흥미롭게 구성되어 있어 손쉽게 여러 삶의 모습을 만날 수 있습니다. 용기 있게 고난을 헤쳐 나간 위인의 이야기를 통해 삶의 지혜를 배울 수 있을 것입니다.

독립 전쟁을 승리로 이끈

미국 초대 대통령 워싱턴

이슬기 글 / 김혜연 그림

효리원
hyoreewon.com

이 책을 읽는 학부모님과 선생님께

워싱턴은 미국의 첫 번째 대통령입니다. 미국이라는 나라를 세우는 데 공이 컸기 때문에 초대 대통령이 되었습니다.

나라가 처음 만들어졌기 때문에 대통령으로서 어려운 일도 많았습니다. 그러나 그는 최선을 다해 자신이 맡은 일을 해냈습니다.

사람들은 그를 두 번째 선거에서도 대통령으로 뽑았습니다.

두 번째 임기를 마칠 무렵, 많은 사람들이 그에게 법을 고쳐서라도 다시 대통령이 되어 달라고 부탁했습니다. 미국의 헌법에는 대통령의 임기는 4년이고 두 번 할 수 있다고 정해져 있었습니다. 그러나 사람들의 부탁을 워싱턴은 한마디로 거절했습니다. 법을 고치기 시작하면 질서가 무너져서 안 된다고요.

이런 결단은 얼핏 생각하면 누구나 할 수 있는 일 같지만, 사실 그렇지 않답니다. 한번 잡으면 놓고 싶지 않은 것이 바로 권력이니까요.

워싱턴이 지금까지 존경을 받는 이유는 대통령이라는 최고 권력의 유혹을 물리치고 민주주의의 바탕을 마련했기 때문입니다.

위인 전기는 우리보다 앞서 살았던 이들 가운데 존경받을 만한 인물의 일생을 적은 글입니다.

흔히 위인전은 아이들에게 인물의 업적 위주로 읽히기 쉬운데, 업적보다는 정신적인 측면, 우리가 진정으로 존경하는 이유나 본받을 만한 점을 생각하면서 읽어야만 제대로 읽었다고 할 수 있습니다.

워싱턴도 예외는 아닙니다. 그가 미국 독립을 위해 어떤 일을 했고, 대통령이 되어서 어떤 공을 세웠는가가 중요한 게 아니라, 그가 일생 동안 살아가면서 어떤 눈으로 세상을 보고, 어떤 정신으로 삶을 살았는가를 생각하면서 읽으면 책을 읽는 보람과 재미를 함께 느낄 수 있습니다. 학부모님과 선생님께서는 어린이들이 이 점을 잘 이해할 수 있도록 지도해 주시기 바랍니다.

머리말

워싱턴은 어려서부터 정직한 사람, 자기가 맡은 일은 어떤 어려움이 있더라도 끝까지 해내는 사람이라야 누구에게나 존경받을 수 있다고 배우며 자랐습니다. 부모님으로부터 받은 이런 가르침은 그가 살아가는 데 밑바탕이 되었습니다. 아버지가 아끼는 벚나무를 잘라 아버지를 화나게 했을 때, 정직하게 자신의 잘못을 뉘우치고 용서를 받았던 일화는 많이 알려져 있습니다.

워싱턴은 나중에 사령관이 되어 영국과의 전쟁에서 이겼습니다.

또 미국이라는 나라를 세우는 데 많은 공을 세우고 미국의 첫 번째 대통령으로 뽑혔습니다. 워싱턴은 맡은 일에 책임을 다해 두 번째 대통령으로도 뽑혔습니다.

권력을 탐내지 않고 오로지 조국의 기반을 굳게 다지는 데 온 힘을 바친 워싱턴은 오늘날까지도 건국의 아버지로 불리며 많은 사람들에게 존경받고 있습니다.

글쓴이 이슬기

차 례

제가 나무를 찍었어요

1732년 2월 22일.

이날은 워싱턴이 태어난 날입니다.

"오, 하느님! 우리에게 이렇게 건강한 아기를 주셔서 감사합니다."

워싱턴이 태어나던 날, 아버지는 하늘에 감사 기도를 올렸습니다.

워싱턴의 아버지 오거스틴은 큰 농장의 주인이었습니다. 워싱턴의 집안은 영국의 훌륭한 가문 중 하나였습니다.

'바다 건너편에 넓은 땅이 있다고 하니 그곳에 가서 땅을 개척하면서 살자.'

이렇게 생각한 워싱턴의 증조할아버지는 가족들을 이끌고 새로운 땅을 찾아왔습니다. 그곳이 바로 지금 살고 있는 미국이라는 땅이었습니다.

그들은 열심히 일을 해서 커다란 농장을 마련할 수 있었습니다. 하인들도 많이 거느리게 되었습니다.

워싱턴의 아버지는 제인이라는 여자를 만나 결혼을 했습니다. 그런데 제인은 두 아이를 낳고 병으로 일찍 세상을 떠났습니다.

혼자서 큰 농장을 꾸려 가며 아이들을 기를 수가 없게 된 아버지는 메리라는 여자와 두 번째 결혼을 했습니다.

메리는 오거스틴과의 사이에 다섯 명의 아이를 낳았는데 첫째 아이가 바로 조지 워싱턴입니다.

워싱턴이 태어나고 얼마 후, 그들은 넓은 정원이 딸린 집으로 다시 이사를 했습니다. 이 집에서 워싱턴은 동생들과 함께

조지 워싱턴 초상화

마음껏 뛰어놀 수 있었습니다.

"야호! 나는 카우보이다. 이랴! 달려라!"

워싱턴은 어렸을 때부터 말을 타고 농장 주변을 달리며 카우보이 흉내 내기를 좋아했습니다.

언덕을 오르내리면서 뛰어다니다가 지치면 근처에 있는 강물로 뛰어들어 수영을 하기도 했습니다. 워싱턴이 이렇게 신나게 뛰어놀 때마다 그의 말벗이 되어 준 사람들은 농장에서 일하는 하인들이었습니다.

"도련님, 이리 오세요."

들판에서 일하던 하인이 장작불이 활활 타는 밭 가장자리로 워싱턴을 이끌었습니다.

"왜요?"

"저기 불 속에 먹음직스럽게 익어 가는 게 뭔지 아세요?"

"뭔데요?"

"감자예요, 감자."

"어디? 안 보이는데요."

"잘 보세요. 감자는 그냥 불 속에 집어넣으면 냄새가 나서 먹을 수가 없거든요."

하인은 나무 막대기로 불 속을 헤집더니 주먹만 한 진흙 덩이를 몇 개 꺼냈습니다.

"이게 감자예요?"

"예."

하인은 막대기로 진흙 덩이를 툭툭 쳤습니다. 그러자 진흙이 부서지면서 그 속에서 감자가 하나씩 나타났습니다.

"보세요. 감자를 진흙으로 싼 다음에 불 속에 넣으면 맛있게 구워진답니다."

하인은 감자를 하나 들고 껍질을 벗기기 시작했습니다. 뜨거워서 오른손으로 옮겼다가 왼손으로 옮겼다가 하면서 껍질을 벗겼습니다. 구수한 냄새와 함께 감자의 하얀 속살에서 김이 모락모락 났습니다.

"자, 뜨거우니까 후후 불면서 조심해서 드세요."

하인이 껍질을 벗긴 감자를 워싱턴의 손에 조심스레 들려 주었습니다.

"앗, 뜨거워! 그래도 맛있다. 엄마가 해 주시는 요리보다 더 맛있는걸!"

워싱턴은 조그만 입으로 후후 불면서 감자를 맛있게 먹었습니다.

하인들은 이따금 옥수수나 밀 따위를 그렇게 구워 주기도 하고 산이나 들에 지천으로 나 있는 산딸기, 나무 열매 같은 것을 따 주기도 했습니다.

워싱턴은 하인들과 늘 가깝게 지냈기 때문에 나중에 어른이 되어서도 그들과 친구처럼 지냈고, 그들을 위해 병원을 지어 주기도 했습니다.

워싱턴이 어렸을 때부터 하인들을 친구처럼 생각하고 함부

로 대하지 않았던 것은 어머니의 가르침 때문이었습니다.

"사람은 누구나 다 똑같은 목숨을 가지고 있고, 누구나 다 행복하게 살아야 한단다. 지금은 돈이 없어 우리 집에서 농장 일을 거들어 주고 있지만, 그들을 함부로 대해서는 안 된다. 또, 약속을 어기는 사람은 다른 사람에게 믿음을 줄 수가 없어. 그러니 약속을 하기 전에 내가 정말 지킬 수 있는지 알아보고 약속을 해야 하고, 일단 약속을 했으면 어떤 일이 있더라도 지켜야 해. 정직한 사람만이 다른 사람들로부터 존경을 받고, 큰 일을 할 수 있는 거란다. 그러니 비겁하게 거짓말을 해서는 안 된다. 이 책을 읽어 줄 테니 들어 보렴. 사람들이 죄를 지으면 어떤 벌을 받는지 쓰여 있는 책이야."

워싱턴의 어머니는 어린 워싱턴에게 틈나는 대로 가르침이 되는 말을 들려주고 책도 많이 읽어 주면서 아들이 바르게 자랄 수 있도록 도와주었습니다.

워싱턴은 건강하게 잘 자랐습니다. 워싱턴이 여섯 살 때였습니다. 서둘러 아침을 먹은 워싱턴은 농장으로 나갔습니다.

"딱! 쩡! 쩡!"

농장 근처에서 망치로 무엇을 두들기는 소리가 났습니다.

"무슨 소리지?"

워싱턴은 소리가 나는 곳으로 달려가 보았습니다.

농장 안에 있는 대장간에서 흑인 대장장이가 불에 벌겋게 단 쇳덩어리를 꺼내 망치로 두들기고 있었습니다.

"무얼 하는 거예요?"

"아버님의 지시로 도끼를 만드는 거예요."

"와! 근사하다. 한번 만져 봐도 돼요?"

도끼가 다 만들어지자 워싱턴은 도끼를 들고 정원의 벚나무로 다가갔습니다.

"얼마나 잘 드는지 시험해 볼까?"

"쾅!"

워싱턴은 도끼로 커다란 벚나무를 찍었습니다.

"쾅, 쾅, 쾅……."

워싱턴이 도끼로 찍을 때마다 요란한 소리를 내면서 나무

부스러기가 사방으로 튀었습니다.

"와아, 재미있다!"

신이 난 워싱턴은 도끼질을 멈추지 않았습니다.

잠시 후 벚나무는 요란한 소리를 내면서 쓰러졌습니다.

그날 오후 집으로 돌아온 아버지는 잘려 넘어진 벚나무를

보고 크게 화를 냈습니다.

"누구냐? 내가 가장 아끼는 벚나무를 벤 녀석이!"

아버지는 큰 소리로 외쳤습니다. 아버지의 고함 소리를 듣고 하인들이 우르르 몰려나왔습니다. 하지만 아무도 입을 떼지 못했습니다.

조지 워싱턴 밀랍 인형

'어떻게 하지? 내가 그랬다고 하면 아버지께서 크게 꾸중을 하실 텐데……. 모르는 척할까? 아니야. 그래도 사실대로 말씀드려야 해. 내가 한 짓이 틀림없으니까. 어머니께서 정직한 사람만이 다른 사람들에게 존경을 받을 수 있다고 하셨어.'

이렇게 생각한 워싱턴은 조심스럽게 아버지 앞으로 나갔습

니다.

“제가 그랬습니다. 용서해 주세요.”

“뭐라고? 네가?”

아버지는 깜짝 놀란 표정을 지었습니다.

“예, 새로 만든 도끼가 얼마나 잘 드는지 시험해 보려고 그랬어요. 아버지가 아끼시는 나무인 줄은 몰랐어요.”

워싱턴은 눈동자를 또록또록 굴리면서 또렷한 목소리로 분명하게 말했습니다.

화가 잔뜩 나 굳어 있던 아버지의 표정이 부드럽게 풀렸습니다.

“그래, 정직하게 말해 주어서 고맙구나. 비록 아끼는 나무는 잃었지만, 내 아들이 솔직하게 잘못을 인정할 줄 아는 아이라는 것을 알게 되어 기쁘구나.”

아버지는 워싱턴을 용서해 주었습니다.

아이를 구하다

저녁노을이 곱게 지고 있었습니다.

"어? 영국에 공부하러 갔던 형이 온다!"

언덕 위에서 강 아래쪽을 내려다보던 워싱턴은 배가 오는 쪽을 향해 달렸습니다.

며칠 전 아버지는 영국에 공부하러 간 아들 로렌스가 보낸 편지를 받았습니다. 곧 집으로 돌아올 것이라는 내용이었습니다.

그날 이후 워싱턴은 날마다 언덕에 올라가 배가 들어올 강

조지 워싱턴 동상 | 수도 워싱턴 D.C.에 있는 조지 워싱턴 대학교 교정에 세워져 있습니다.

을 바라보며 이복형인 로렌스를 기다렸습니다.

그런데 드디어 강 아래에 커다란 배가 나타난 것입니다.

"조지구나! 네가 벌써 이렇게 크다니!"

배에서 내린 형 로렌스는 동생을 꼭 끌어안았습니다.

"형, 기다리고 있었어. 진짜 보고 싶었단 말이야."

워싱턴도 형에게 매달리며 반갑게 맞았습니다.

"그래, 나도 네가 몹시 보고 싶었단다. 영리하고 똘똘해 보

라파예트 공원 | 미국의 독립 전쟁 때 매우 큰 활약을 해 건국 영웅의 반열에 오른 프랑스의 라파예트 후작을 기념하기 위해 만들었습니다.

이는구나."

그날부터 워싱턴은 로렌스를 따라다니면서 영국에 대해 이것저것 물어보았습니다. 로렌스는 워싱턴에게 자신이 알고 있는 것을 모두 이야기해 주었습니다. 학교에서 배우는 공부, 친구들 이야기, 세계에는 여러 나라가 있고 나라마다 다른 말을 쓰고 있으며, 서로 남의 땅을 차지하기 위해 가끔씩 전쟁을 일으킨다는 이야기들을 자세히 들려주었습니다.

워싱턴은 형에게 새로운 사실을 듣는 게 너무 재미있어서 시간 가는 줄도 몰랐습니다.

'나도 형처럼 열심히 공부해서 꼭 훌륭한 사람이 돼야지.'

형의 이야기를 들으면서 워싱턴은 이런 다짐을 했습니다.

워싱턴은 더 많은 공부를 하기 위해 도시에 있는 학교로 갔습니다. 새 학교에서도 워싱턴은 여러 가지 공부를 열심히 했습니다. 그는 특히 수학을 잘했습니다.

워싱턴은 독학(학교에 다니지 않고 혼자서 공부함)으로 땅의 모양과 크기를 재는 공부를 하여 열다섯 살에 토지 측량관이 되었습니다.

어느 날, 이웃 마을의 농장 주인이 자기 땅을 측량해 달라는 부탁을 했습니다. 워싱턴은 땅의 모양과 크기를 재기 위해 이웃 마을 농장으로 갔습니다.

그런데 갑자기 비가 쏟아졌습니다.

"비를 맞으면서 측량을 하다가 감기 들면 어떡해요? 오늘은 그냥 돌아가는 게 좋겠어요."

함께 간 사람들이 투덜거렸습니다.

"한번 약속한 것은 어떤 어려움이 있더라도 지켜야 한다고 배웠어요. 비가 온다고 해서 약속을 어기면 사람들이 다시는 우리를 믿고 일을 부탁하지 않을 거예요."

워싱턴은 함께 간 사람들을 부드러운 말로 설득하면서 측량을 무사히 마쳤습니다.

얼마 후 워싱턴에게 또 측량할 일이 생겼습니다. 그날도 비가 내렸습니다. 워싱턴은 비를 맞으면서 동료들과 함께 땅을 측량하기 시작했습니다.

"살려 주세요. 누가 우리 아기 좀 살려 주세요!"

숲 쪽에서 다급하게 외치는 소리가 들려왔습니다.

워싱턴은 재빨리 소리 나는 쪽으로 달려갔습니다.

한 여자가 울면서 가리키는 강물에는 어린아이가 떠내려가고 있었습니다.

워싱턴은 재빨리 웃옷을 벗고 강물로 뛰어들었습니다.

"위험해요!"

등 뒤에서 다른 사람들이 소리쳤습니다.

워싱턴은 있는 힘을 다해 강물에 떠내려가는 아이를 건져 냈습니다.

"아아! 감사합니다. 당신은 우리 가족의 은인입니다."

아이의 엄마가 눈물을 흘리며 고마워했습니다.

"나에게 고마워하지 마세요. 그보다는 제가 아이를 무사히 구하도록 힘과 용기를 주신 신에게 감사하세요."

워싱턴은 당연히 해야 할 일을 했다는 듯 대답하고는 동료들과 함께 측량을 계속했습니다.

결혼

워싱턴은 스무 살이 되던 해 버지니아 민병대에 들어가 군인이 되었습니다. 그리고 다음 해에 영국 정규군이 되어 대장의 중요한 편지를 프랑스군에게 전달하는 임무를 맡게 되었습니다.

프랑스군 사령부로 가는 길은 생각했던 것보다 훨씬 더 힘이 들었습니다. 나무가 우거진 깊은 밀림을 헤치고 가야 할 때도 있었으며, 험한 바위산을 올라가야 할 때도 있었습니다. 추운 날 늪에 빠졌다가 간신히 헤엄쳐 나와 겨우 목숨을 건지기

도 했습니다. 배가 부서져 뗏목을 만들어 타고 강을 건너기도 했습니다.

워싱턴은 그 어려운 역경들을 모두 이겨 내고 무사히 편지를 전했습니다.

그러나 프랑스군은 전쟁을 피해 문제를 해결하고자 했던 이쪽 대장의 의사를 받아들이지 않았고, 마침내 두 나라 사이에 싸움이 벌어졌습니다.

"옳은 일을 위해서는 목숨을 아끼지 말고 싸워야 한다!"

워싱턴은 언제나 앞장서서 부하들을 지휘했습니다.

총알이 날아오고, 대포가 눈앞에서 터졌습니다. 힘들고 위험한 싸움이었지만 워싱턴은 언제나 최선을 다했습니다. 마침내 워싱턴이 이끄는 부대가 승리를 거두었습니다.

"이제 전쟁이 끝났으니 시골로 돌아가 농사를 지으면서 살아야겠다."

워싱턴은 시골로 돌아가 이웃 사람들과 사이좋게 농사일을 돌보았습니다. 그러던 어느 날이었습니다.

"저희 집 정원에 장미가 아름답게 피었어요. 저희 집에 오셔서 꽃을 구경하면서 함께 저녁 식사를 하시지 않겠어요?"

이웃집에서 워싱턴을 초대했습니다.

"초대해 주셔서 감사합니다. 가도록 하겠습니다."

이웃의 초대를 받아들여 그 집에 가 보니 마사라는 젊은 여인이 또다른 손님으로 와 있었습니다.

"아니, 저렇게 예쁠 수가……."

마사를 처음 본 순간 워싱턴은 마음을 송두리째 빼앗기고 말았습니다. 그 뒤 워싱턴은 마사와 사랑에 빠져 결혼을 하고 행복한 가정을 이루었습니다.

전쟁

서른 살이 되었을 때 워싱턴은 마을의 대표로 뽑혔습니다. 워싱턴은 마을 사람들에게 도움이 되는 일이라면 앞장서서 나섰습니다.

그 무렵 미국 땅은 영국의 식민지(다른 나라의 지배를 받는 나라)였습니다. 그래서 많은 영국 사람들이 미국 땅에 들어와 살고 있었습니다.

그런데 영국은 식민지 사람들에게 본국의 영국인들과는 달리 비싼 세금을 물리는 등 차별 대우를 했습니다. 식민지 사람

들의 불만은 나날이 높아만 갔습니다.

"이렇게 계속 당하고만 있을 수는 없다!"

"영국의 간섭에서 벗어나 우리 힘으로 나라를 세우자!"

식민지 사람들은 힘을 합쳐 본국 영국과 싸우기로 했습니다. 워싱턴이 연합군 총사령관으로 뽑혔습니다.

"부족한 저에게 이렇게 막중한 일을 맡기시니 온 힘을 다해 일하겠습니다."

워싱턴이 총사령관으로 뽑히던 날, 영국에서 미국으로 군함과 군대를 보내 전쟁이 벌어졌습니다.

워싱턴은 군인들을 훈련시키며 기회를 보았습니다.

"오늘 밤이 좋은 기회입니다. 영국군 진지를 기습 공격할 수 있도록 명령을 내려 주십시오."

부하인 소령이 간청을 했습니다.

"오늘 밤이 좋은 기회라고? 이유는?"

"오늘 밤 보스턴 극장에서 영국군이 본국에서 온 손님들을 위해 연극 공연을 한다는 정보가 들어왔습니다. 저들이 안심

하고 있을 때 공격을 하면 쉽게 성공할 수 있을 것입니다."

"확실한 정보입니까?"

"그렇습니다."

"좋은 기회로군요. 좋소! 오늘 밤 공격합시다!"

드디어 작전 명령이 내려졌습니다.

밤이 되자 소령은 특공대(적을 기습 공격하기 위해 특별히 만들어진 부대)를 데리고 영국 진지로 향했습니다. 영국 진지에 도착한 소령은 재빨리 극장 안으로 숨어들어 갔습니다.

무대 위에서는 연극이 한창 벌어지고 있었습니다.

미국 군인들을 비웃는 내용의 연극이었습니다. 영국 병사들이, 누더기에 몽둥이를 들고 총에 대항하다가 형편없이 당하는 미국 병사들을 연기하고 있었습니다. 관객들은 손뼉을 치며 웃었습니다.

그때 밖에서 황급히 뛰어들어온 영국군 한 명이 무대 위로 올라갔습니다.

"여러분! 큰일 났습니다. 미국이 공격해 오고 있습니다."

영국 군인이 큰 소리로 외쳤지만, 관객들은 꿈쩍도 하지 않았습니다.

"여러분, 제 말을 믿으세요! 지금 제가 하는 말은 연극 대사가 아니라 진짜라니까요!"

영국 군인이 두 팔을 휘저으며 다시 한 번 큰 소리로 외쳤습니다.

"저 병사 표정 좀 봐. 정말 실감나게 연기를 잘하는군."

"그러게 말이에요, 하하하!"

관람객으로 와 있던 장교들이 박수를 치며 웃음을 터뜨렸습니다.

그때였습니다. 요란한 소리와 함께 객석(극장에서 손님이 앉는 자리) 중앙을 향해 미국 특공대원들이 쏜 대포가 휙 날아들었습니다.

"으악!"

"미국의 공격이다!"

여기저기에서 비명 소리가 터져 나왔습니다.

"모두 밖으로 대피하라!"

극장 안은 난리가 났습니다. 미국 특공대원들이 쏜 대포에 맞아 쓰러지는 사람, 소리치며 밖으로 뛰어나가려는 사람, 뛰다가 걸려서 넘어지는 사람……. 극장 안은 그야말로 아수라

장이었습니다.

"우리가 안심하고 있다가 당했군. 서둘러 전투 준비를 하라! 저들을 전멸시켜라!"

영국군 장교들이 급히 소리를 질렀습니다.

그러나 이미 때는 늦었습니다. 갑자기 미국의 공격을 받은 영국군들은 죽고 쓰러지고, 허둥지둥 도망가기에 바빴습니다. 이 전투에서 미국은 크게 이겼습니다.

그 뒤에도 싸움은 계속되었습니다. 미국군이 질 때도 있었지만, 이길 때가 더 많았습니다. 전쟁은 쉽게 끝나지 않았습니다.

보초를 대신 서 준 사령관

영국에서는 어떻게 하든지 미국이라는 나라를 차지하기 위해 힘을 기울였고, 미국 사람들은 영국의 지배를 받지 않으려고 있는 힘을 다했습니다.

그러던 어느 날 밤이었습니다. 최전방(적과 맞서는 맨 앞의 전선)에 배치된 보초 병사들은 두 눈을 크게 뜨고 어둠을 지키고 있었습니다. 이런 밤이면 어둠 속에서 언제 적이 갑자기 쳐들어올지 알 수 없기 때문입니다.

그때였습니다. 보초를 서고 있는 병사 뒤로 워싱턴이 다가

왔습니다.

"자네에게 편지가 왔네."

"네? 제게 편지가요?"

이렇게 말하면서도 보초병의 눈은 여전히 적진을 향하고 있었습니다.

"그래, 어서 읽어 보게."

병사는 고개를 돌려 얼른 편지를 읽어 보고 싶었습니다. 그러나 그럴 수가 없었습니다. 한시도 적진에서 눈을 떼지 말아야 한다는 보초 규칙 때문이었습니다.

자유의 종 | 법과 자유의 상징으로 유명한 이 종은 미국의 독립 선언 당시에는 웅장하게 울려 퍼졌으나, 종에 금이 생겨 지금은 울리지 않습니다.

"전 지금 보초를 서는 중입니다. 이 일이 끝나면 그때 읽겠습니다."

"그래? 그렇다면 자네가 편지를 읽는 동안 내가 대신 보초를 서 주겠네."

워싱턴은 병사에게 다가가 총을 빼앗았습니다.

"앗! 사, 사령관님!"

병사는 고개를 돌려 보고는 깜짝 놀랐습니다. 보초를 대신 서 주겠다고 말한 사람이 사령관인 줄은 꿈에도 생각하지 못했던 것입니다.

"쉬잇! 큰 소리 내지 말고 어서 편지나 읽어 보라니까. 그동안 고향 소식이 얼마나 궁금했겠나?"

병사는 재빨리 편지를 펴서 읽었습니다.

"사령관님, 편지를 다 읽었습니다. 이제 총을 돌려주십시오. 제가 하겠습니다."

"벌써? 할 일이 하나 더 있잖나. 편지를 받았으면 답장을 써야지."

워싱턴은 주머니에서 종이와 연필을 꺼내 병사에게 내밀었습니다.

"아닙니다. 나중에 쓰면 됩니다."

"지금 쓰게. 자네가 답장을 다 쓰면 총을 돌려주겠네."

병사는 펜과 종이를 받아 답장을 쓰기 시작했습니다. 그의 눈에서 고마움의 눈물이 주르르 흘러내렸습니다.

미국의 첫 번째 대통령

전쟁은 몇 차례 더 계속되었습니다. 그리고 마침내 끝까지 힘을 합쳐 싸운 미국의 승리로 끝났습니다.

"만세!"

"이제 우리도 다른 나라의 간섭을 받지 않고 살아갈 수 있게 되었다. 만세!"

"이렇게 기쁜 날은 또 없을 거야."

"워싱턴 장군 만세!"

전쟁에서 이기던 날, 사람들은 만세를 부르며 거리로 쏟아

바위에 조각된 4명의 대통령 얼굴 | 미국의 사우스 다코타주 러시모어산 바위에는 미국의 역대 대통령 중 가장 위대한 4명의

얼굴이 조각되어 있습니다. 왼쪽부터 워싱턴, 제퍼슨, 루스벨트, 링컨 대통령의 모습입니다.

미국 초대 대통령 조지 워싱턴 | 영국군과의 싸움을 승리로 이끈 워싱턴은 국민 투표를 거쳐 미국의 첫 번째 대통령이 되었습니다.

져 나왔습니다. 사람들은 서로를 껴안고 기쁨의 눈물을 흘렸습니다. 길거리마다 깃발이 펄럭이고, 예포(예식 행사에서 환영, 경의, 조의를 나타내기 위해 쏘는 공포)가 울렸습니다. 오색 불꽃이 밤하늘을 수놓았습니다.

독립 전쟁이 끝나자 워싱턴은 고향으로 돌아가 농사를 지었습니다.

워싱턴의 집에는 많은 손님들이 찾아왔습니다.

손님 중에는 전쟁을 할 때 알게 된 친구도 있었고, 나랏일을 의논하러 오는 사람들도 있었습니다.

"우리는 영국군을 물리치고 나라를 세웠지만, 새 나라를 이끌어 나갈 인물이 없습니다."

"이렇게 있다가는 또 다른 나라가 쳐들어올지 몰라요."

"훌륭한 대통령이 있어야 해요."

찾아오는 손님들은 이런 말을 하면서 나랏일을 걱정했습니다. 나라에서는 다시 중요한 일을 이야기하기 위해 많은 사람들이 모였습니다. 워싱턴도 그 자리에 나갔습니다.

"나라가 만들어졌으니 이제는 나라를 이끌어 나갈 대통령이 있어야 해."

"물론이지! 나는 워싱턴이 대통령을 맡아 주면 좋겠는데 여러분 생각은 어떠하신지……."

"그래, 맞아. 첫 번째 대통령을 잘 뽑아야 나라의 기초가 튼튼해지지."

"영국군과의 싸움을 승리로 이끈 워싱턴이 대통령이 되어야 합니다."

이렇게 해서 워싱턴은 국민 투표에 의해 미국의 첫 번째 대통령으로 뽑혔습니다.

대통령의 어머니

대통령이 된 워싱턴은 제일 먼저 어머니를 찾아갔습니다.

"어머니……."

"오냐! 내 아들, 어서 오너라."

어머니는 침대에 누운 채 가만히 손을 내밀어 아들의 두 손을 잡았습니다.

"어머니, 예전에는 참 건강하셨는데, 지금은 너무 편찮으셔서 걱정이에요."

"늙으면 병이 들게 마련이다. 너무 마음 아파하지 마라. 다

신의 뜻이란다.”

어머니는 워싱턴의 두 뺨에 흐르는 눈물을 가만히 닦아 주었습니다.

“어머니, 제가 이 나라의 대통령이 되었어요. 이제 어머니도 저와 함께 지내세요.”

“고맙지만 나는 여기가 좋단다. 나는 지금 너무 행복하구나. 네가 자랑스럽기도 하고……. 대통령이 되면 어려운 일도 많을 거야. 누구나 다 행복하게 살 수 있는 나라를 만들고, 모든 사람들이 좋아하는 대통령이 될 수 있도록 최선을 다하여라.”

“어머니 말씀 꼭 지키겠습니다.”

워싱턴의 눈에서는 눈물이 그치지 않았습니다.

"조지, 모든 국민들이 널 기다리고 있어. 내 걱정은 하지 말고 어서 가서 나라를 위해 일하여라. 국민들에게 한 약속은 아무리 어렵더라도 반드시 지키는 대통령이 되어 다오. 어려운 일이 있더라도 절대 힘으로 밀어붙이려 하지 말고 끝까지 사랑과 대화로 해결하도록 하렴. 강가의 조약돌을 반들반들하게 다듬는 것은 강한 망치의 힘이 아니야. 부드러운 물결이 어루만져서 그렇게 되는 거란다."

"네, 어머니. 부디 건강하게 오래오래 사십시오."

워싱턴은 어머니와 헤어지고 돌아와 대통령의 업무를 시작했습니다.

훌륭한 대통령

워싱턴은 대통령이 되었지만 무척 힘들었습니다. 나라 안팎으로 해결해야 할 문제들이 많았기 때문입니다.

'나는 그 힘들고 어려운 싸움도 이겨 냈어. 이 땅을 사랑하며, 이 나라 국민들을 위해 일해야지. 어떤 어려움이 닥쳐도 극복할 수 있어.'

힘들고 지칠 때마다 대통령은 이런 생각을 하면서 어머니의 가르침을 떠올렸습니다. 그래서 나라는 점점 더 좋아지고, 백성들도 잘살게 되었습니다.

미국의 대통령은 4년 동안 할 수 있습니다. 워싱턴이 열심히 일하는 동안 4년이라는 시간은 금방 지나갔습니다.

"워싱턴을 다시 대통령으로 뽑아야 한다."

"워싱턴은 자기 자신보다 나라와 국민들을 위해 일했다."

두 번째 선거에서 워싱턴은 또 대통령에 뽑혔습니다.

워싱턴은 두 번째 대통령이 되어서도 변함없이 열심히 나랏일을 했습니다.

또 4년이 지나갔습니다. 원래 미국 대통령은 4년씩 두 번만 할 수 있도록 법으로 정해져 있었습니다. 하지만 사람들은 법을 고쳐서라도 워싱턴을 다시 대통령으로 뽑아야 한다고 주장했습니다.

"법은 약속입니다. 약속은 꼭 지켜져야 합니다. 약속을 어기는 사람은 좋은 일을 할 수 없습니다. 대통령이 법을 마음대로 고친다면, 국민들이 어떻게 대통령이 하는 일을 믿고 따르겠습니까? 나는 그런 것을 원하지 않습니다."

대통령 임기(임무를 맡아 보는 일정한 기간)를 마친 워싱턴은 이렇게 말하고 고향으로 돌아갔습니다.

고향으로 돌아온 워싱턴은 그동안 비워 두었던 농장을 정리하고 농사일을 돌보았습니다.

겨울이 되었습니다. 며칠 동안 눈이 내리고 세찬 바람까지 불었습니다.

“오늘은 모처럼 날씨가 개었군. 오후에 농장의 나무를 다듬어야겠어.”

“아직은 바람이 많이 불고 날씨가 추워요. 좀 더 따뜻해지거든 하세요.”

그러나 워싱턴은 가족들의 만류에도 불구하고 일을 하러 농장으로 나갔습니다. 그런데 저녁때가 되자 갑자기 기침이 심해지고, 몸에 열까지 높아졌습니다.

“아니, 여보!”

깜짝 놀란 아내는 이웃에 있는 의사를 불렀습니다.

의사가 달려와 치료를 했지만 워싱턴의 병은 고칠 수가 없었습니다. 워싱턴은 그렇게 세상을 떠나고 말았습니다.

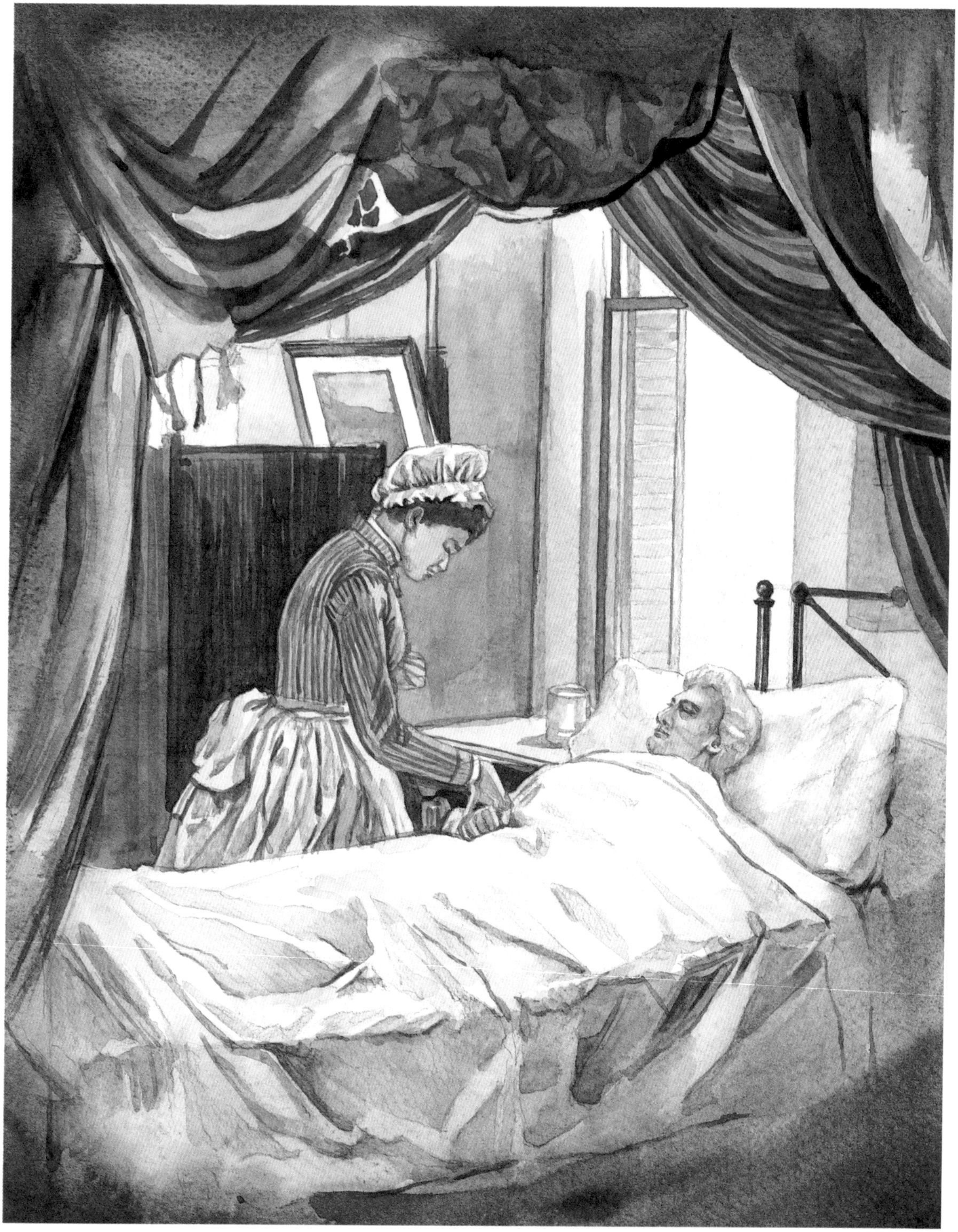

워싱턴 기념비 | 미국 건국의 아버지인 조지 워싱턴을 기념하기 위해 세운 탑입니다. 높이 182미터로, 세계 각국의 돌을 모아 만들었습니다.

그가 세상을 떠났다는 것을 알게 된 미국 사람들은 모두 눈물을 흘리며 슬퍼했습니다. 사람들은 그를 추모(죽은 사람을 그리며 생각하는 것)하기 위해 워싱턴이 대통령 일을 하던 도시를 워싱턴이라고 이름 붙이고, 큰 기념탑을 세웠습니다.

워싱턴의 삶

연 대	발 자 취
1732년(0세)	2월 22일 미국 버지니아에서 태어나다.
1743년(11세)	아버지 오거스틴이 세상을 떠나다.
1753년(21세)	버지니아주의 북군 사령관으로 임명을 받다. 총독의 편지를 프랑스군에 전달하는 임무를 완수하다.
1755년(23세)	대령으로 승진하다. 연대장이 되다.
1758년(26세)	프랑스 군대와 전투를 하여 승리하다.
1759년(27세)	마사와 결혼하다.
1767년(35세)	영국이 식민지인 미국에 여러 가지 무거운 세금을 매기자, 미국인들의 반대 운동이 일어나다.
1774년(42세)	영국이 보스턴을 점령하다. 필라델피아에서 열린 제1회 대륙 회의에 버지니아주 대표로 참석하다.
1775년(43세)	영국을 상대로 시작된 독립 전쟁에서 총사령관으로 임명되다.
1776년(44세)	워싱턴이 이끄는 연합군이 영국과의 보스턴 전투에서 승리하다. 미국이 독립을 선언하다.
1781년(49세)	영국과의 전투에서 승리하다. 영국이 완전히 물러가다.
1783년(51세)	사령관직에서 물러나 시골로 돌아가다.
1787년(55세)	필라델피아에서 헌법 제정 회의가 열리다. 의장으로 뽑히다.
1789년(57세)	첫 번째 대통령으로 뽑히다.
1793년(61세)	두 번째 대통령으로 뽑히다.
1797년(65세)	다시 대통령으로 추대되었으나 사양하고 고향으로 돌아가다.
1799년(67세)	병으로 세상을 떠나다.

읽으며 생각하며!

1. 워싱턴이 어렸을 때부터 하인들을 친구처럼 생각하고 함부로 대하지 않았던 것은 누구의 가르침 덕분이었나요?

2. 다음은 워싱턴의 어머니가 한 말입니다. ( ) 안에 공통으로 들어갈 말은 무엇인가요?

"(   )을 어기는 사람은 다른 사람에게 믿음을 줄 수가 없어. 그러니 (   )을 하기 전에 내가 정말 지킬 수 있는지 알아보고 (   )을 해야 하고, 일단 (   )을 했으면 어떤 일이 있더라도 지켜야 해."

3. 1775년 미국은 워싱턴을 총사령관으로 뽑아 영국과 전쟁을 합니다. 이것은 무엇을 얻기 위한 전쟁이었나요?

"영국의 간섭에서 벗어나 우리 힘으로 나라를 세우자!"

식민지 사람들은 힘을 합쳐 본국 영국과 싸우기로 했습니다. 워싱턴이 연합군 총사령관으로 뽑혔습니다.

"부족한 저에게 이렇게 막중한 일을 맡기시니 온 힘을 다해 일하겠습니다."

4. 다음은 워싱턴이 도끼로 벚나무를 내리찍은 뒤에 일어난 일입니다. 여러분도 이와 같은 일을 경험한 적이 있나요? 그랬다면 그 뒤 어떤 일이 일어났고, 어떤 점을 느꼈는지 써 보세요.

'어떻게 하지? 내가 그랬다고 하면 아버지께서 크게 꾸중을 하실 텐데……. 모르는 척할까? 아니야. 그래도 사실대로 말씀드려야 해. 내가 한 짓이 틀림없으니까. 어머니께서 정직한 사람만이 다른 사람들에게 존경을 받을 수 있다고 하셨어.'

이렇게 생각한 워싱턴은 조심스럽게 아버지 앞으로 나갔습니다.

"제가 그랬습니다. 용서해 주세요."

"뭐라고? 네가?"

아버지는 깜짝 놀란 표정을 지었습니다.

5. 워싱턴의 어머니는 책을 많이 읽어 주면서 워싱턴이 바르게 자라도록 도와주었습니다. 책이 여러분에게 어떤 도움을 줄 수 있는지 생각해 보세요.

6. 사령관이 된 워싱턴은 보초를 서는 병사가 편지를 읽는 동안 대신 보초를 섰습니다. 이를 통해, 훌륭한 윗사람이 되기 위해서는 어떤 태도가 필요하다고 생각하는지 적어 보세요.

7. 워싱턴이 대통령이 되자 어머니는 그에게 다음과 같이 말합니다. 여러분은 한 나라를 책임지는 대통령에게 어떤 말을 해 주고 싶은지 써 보세요.

"조지, 모든 국민들이 널 기다리고 있어. 내 걱정은 하지 말고 어서 가서 나라를 위해 일하여라. 국민들에게 한 약속은 아무리 어렵더라도 반드시 지키는 대통령이 되어다오. 어려운 일이 있더라도 절대 힘으로 밀어붙이려 하지 말고 끝까지 사랑과 대화로 해결하도록 하렴. 강가의 조약돌을 반들반들하게 다듬는 것은 강한 망치의 힘이 아니야. 부드러운 물결이 어루만져서 그렇게 되는 거란다."

풀이

1. 어머니

2. 약속

3. 미국의 독립.

4. 예시 : 나도 워싱턴과 비슷한 일을 겪었다. 얼마 전에 동생과 장난을 치다가 게임기를 고장내고 말았다. 산 지 얼마 안 된 것이라서 망가뜨렸다고 말하기가 무척 힘들었다. 그렇지만 정직하게 말씀드렸더니 부모님께서는 정직하게 말했으니 용서해 주겠다고 하셨다. 그 일을 통해 정직하게 행동하는 것이 얼마나 훌륭한 일인지 알게 되었다.

5. 예시 : 책을 많이 읽으면 지식을 쌓을 수 있다. 그냥 외우기만 하는 지식이 아니라 다른 사람의 경험 같은 것도 익힐 수 있다. 그러면 생각이 더욱 넓어지고 무슨 일을 하든 차근차근 해결할 수 있을 것이다. 또 책을 많이 읽으면 글쓰는 실력도 늘고, 자신의 생각을 좀 더 쉽게 표현할 수 있다.

6. 예시 : 누구나 윗사람이 될 기회가 있다. 학교에서 후배들이 들어오면 선배들은 윗사람이 되는 것이고, 회사에 다니거나 군대에 들어가도 윗사람과 아랫사람이 있다. 그런데 정말 좋은 윗사람이 되기란 무척 어려운 일인 것 같다. 훌륭한 윗사람이 되려면 아랫사람을 잘 돌보고 어려움을 알아주어야 한다고 생각한다. 또 쓸데없이 괴롭히거나 자기 뜻대로 하려고 고집을 부려서도 안 된다고 생각한다.

7. 예시 : 정치인들이 국민들의 말에 귀 기울이게 해 달라고 말하고 싶다. 국민을 위해 일하는 사람이 정치인인데, 가끔 자기만 생각하는 사람들이 있다. 그런 사람들 때문에 국민이 더 힘들어지기도 한다. 국민이 어떤 생각을 하는지 알아보고 국민을 위해 일하는 정치인이 많아지게 해 달라고 부탁하고 싶다.

역사 속에 숨은 위인을 만나 보세요!

광개토 태왕 (374~412)
을지문덕 (?~?)

연개 소문 (?~666)
김유신 (595~673)

대조영 (?~719)

장보고 (?~846)
왕건 (877~943)

강감찬 (948~1031)

최무선 (1328~1395)
황희 (1363~1452)
세종 대왕 (1397~1450)
장영실 (?~?)

신사임당 (1504~1551)
이이 (1536~1584)
허준 (1539~1615)
유성룡 (1542~1607)

한석봉 (1543~160
이순신 (1545~159
오성과 한음 (오성 1556~1618 / 한음 1561~1613)

고조선 건국 (B.C. 2333)

철기 문화 보급 (B.C. 300년경)

고조선 멸망 (B.C. 108)

고구려 불교 전래 (372)

신라 불교 공인 (527)

고구려 살수 대첩 (612)
신라 삼국 통일 (676)
대조영 발해 건국 (698)

장보고 청해진 설치 (828)

견훤 후백제 건국 (900)
궁예 후고구려 건국 (901)
왕건 고려 건국 (918)

귀주 대첩 (1019)

윤관 여진 정벌 (1107)

고려 강화로 도읍 옮김 (1232)
개경 환도, 삼별초 대몽 항쟁 (1270)

문익점 원에서 목화씨 가져옴 (1363)
최무선 화약 만듦 (1377)
조선 건국 (1392)

훈민 정음 창제 (1443)

임진 왜란 (1592~1598)
한산도 대첩 (1592)

허준 동의보 완성 (1610)
병자 호란 (1636)
상평 통보 전국 유통 (1678)

B.C. 선사 시대 및 연맹 왕국 시대	A.D. 삼국 시대	698 남북국 시대	918 고려 시대	1392

2000 500 400 300 100 0 300 500 600 800 900 1000 1100 1200 1300 1400 1500 1600

B.C. 고대 사회	A.D. 375 중세 사회	1400

중국 황하 문명 시작 (B.C. 2500년경)

인도 석가모니 탄생 (B.C. 563년경)

알렉 산더 대왕 동방 원정 (B.C. 334)

크리 스트교 공인 (313)
게르만 민족 대이동 시작 (375)
로마 제국 동서로 분열 (395)

수나라 중국 통일 (589)

이슬람교 창시 (610)
수 멸망 당나라 건국 (618)

러시아 건국 (862)

거란 건국 (918)
송 태종 중국 통일 (979)

제1차 십자군 원정 (1096)

테무친 몽골 통일 칭기즈 칸이 됨 (1206)
원 제국 성립 (1271)

원 멸망 명 건국 (1368)

잔 다르크 영국군 격파 (1429)
구텐 베르크 금속 활자 발명 (1450)

코페르니 쿠스 지동설 주장 (1543)
도요토미 히데요시 일본 통일 (1590)

독일 30년 전쟁 (1618)
영국 청교도 혁명 (1642~16
뉴턴 만유 인력의 법칙 발견 (1665)

석가모니 (B.C. 563?~B.C. 483?)

예수 (B.C. 4?~A.D. 30)

칭기즈 칸 (1162~1227)

조선 시대 | 1876 개화기 | 1897 대한 제국 | 1910 일제 강점기 | 1948 대한민국

1700	정약용 (1762~1836) 김정호 (?~?)	이승훈 천주교 전도 (1784)	미국 독립 선언 (1776) 프랑스 대혁명 (1789)	워싱턴 (1732~1799) 페스탈로치 (1746~1827) 모차르트 (1756~1791) 나폴레옹 (1769~1821)
1800			청·영국 아편 전쟁 (1840~1842)	링컨 (1809~1865) 나이팅게일 (1820~1910) 파브르 (1823~1915) 노벨 (1833~1896) 에디슨 (1847~1931)
1850				가우디 (1852~1926)
1860		최제우 동학 창시 (1860) 김정호 대동여지도 제작 (1861)	미국 남북 전쟁 (1861~1865)	라이트 형제 (형, 윌버 1867~1912 / 동생, 오빌 1871~1948) 마리 퀴리 (1867~1934) 간디 (1869~1948)
1870	주시경 (1876~1914) 김구 (1876~1949) 안창호 (1878~1938) 안중근 (1879~1910)	강화도 조약 체결 (1876) 지석영 종두법 전래 (1879)	베를린 회의 (1878)	아문센 (1872~1928) 슈바이처 (1875~1965) 아인슈타인 (1879~1955)
1880		갑신정변 (1884)	청·프랑스 전쟁 (1884~1885)	헬렌 켈러 (1880~1968)
1890	우장춘 (1898~1959) 방정환 (1899~1931)	동학 농민 운동, 갑오개혁 (1894) 대한 제국 성립 (1897)	청·일 전쟁 (1894~1895) 헤이그 평화 회의 (1899)	
1900	유관순 (1902~1920) 윤봉길 (1908~1932)	을사조약 (1905) 헤이그 특사 파견, 고종 퇴위 (1907)	영·일 동맹 (1902) 러·일 전쟁 (1904~1905)	
1910	이중섭 (1916~1956)	한일 강제 합방 (1910) 3·1 운동 (1919)	제1차 세계 대전 (1914~1918) 러시아 혁명 (1917)	테레사 (1910~1997) 만델라 (1918~2013)
1920		어린이날 제정 (1922)	세계 경제 대공황 시작 (1929)	마틴 루서 킹 (1929~1968)
1930	백남준 (1932~2006)	윤봉길·이봉창 의거 (1932)	제2차 세계 대전 (1939~1945)	
1940		8·15 광복 (1945) 대한민국 정부 수립 (1948)	태평양 전쟁 (1941~1945) 국제 연합 성립 (1945)	스티븐 호킹 (1942~2018)
1950	이태석 (1962~2010)	6·25 전쟁 (1950~1953)	소련 세계 최초 인공위성 발사 (1957)	오프라 윈프리 (1954~) 스티브 잡스 (1955~2011) 빌 게이츠 (1955~)
1970		10·26 사태 (1979)	제4차 중동 전쟁 (1973) 소련 아프가니스탄 침공 (1979)	
1980		6·29 민주화 선언 (1987) 서울 올림픽 개최 (1988)	미국 우주 왕복선 콜럼비아호 발사 (1981)	
1990		북한 김일성 사망 (1994)	독일 통일 (1990) 유럽 11개국 단일 통화 유로화 채택 (1998)	
2000		의약분업 실시 (2000)	미국 9·11 테러 (2001)	

근대 사회 | 1900 현대 사회

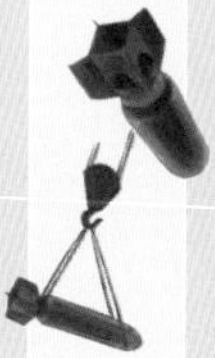

2021년 1월 25일 2판 3쇄 **펴냄**
2014년 2월 25일 2판 1쇄 **펴냄**
2008년 9월 30일 1판 1쇄 **펴냄**

펴낸곳 (주)효리원
펴낸이 윤종근
글쓴이 이슬기 · **그린이** 김혜연
사진 제공 중앙포토
등록 1990년 12월 20일 · **번호** 2-1108
우편 번호 03147
주소 서울시 종로구 삼일대로 457, 1206호
대표 전화 02)3675-5222 · **편집부** 02)3675-5225
팩시밀리 02)765-5222

잘못 만들어진 책은 구입하신 서점에서 바꾸어 드립니다.
ISBN 978-89-281-0352-2 64990
홈페이지 www.hyoreewon.com